Werner Flume

Um ein neues Unternehmensrecht

SCHRIFTENREIHE
DER JURISTISCHEN GESELLSCHAFT e.V.
BERLIN

Heft 64

W
DE
G

1980

DE GRUYTER · BERLIN · NEW YORK

Um ein neues Unternehmensrecht

Von

Werner Flume

Vortrag
gehalten vor der
Berliner Juristischen Gesellschaft
am 28. November 1979

W
DE
G

1980

DE GRUYTER · BERLIN · NEW YORK

Dr. jur. Werner Flume
em. o. Professor für Römisches Recht, Bürgerliches Recht
und Steuerrecht an der Universität Bonn

CIP-Kurztitelaufnahme der Deutschen Bibliothek

Flume, Werner:
Um ein neues Unternehmensrecht : Vortrag gehalten
vor d. Berliner Jur. Ges. am 28. November 1979 /
von Werner Flume. — Berlin, New York : de Gruyter,
1980.
   (Schriftenreihe der Juristischen Gesellschaft
   e.V. Berlin ; H. 64)
   ISBN 3-11-008355-8

Satz und Druck: Saladruck, Berlin 36
Bindearbeiten: Berliner Buchbinderei Wübben & Co., Berlin 42

1. In seiner letzten Arbeit „Was ist Unternehmensrecht"[1] hat Ballerstedt gesagt, daß „die Vorstellung, Unternehmensrecht lasse sich etwa auf die Formel bringen, ‚Gesellschaftsrecht + Mitbestimmung', durchaus unzureichend und für das Verständnis der wirklichen Problematik hinderlich sein würde". Dem ist voll beizupflichten. Trotzdem ist, auch nach dem Mitbestimmungsgesetz 1976, ja selbst nach dem Mitbestimmungs-Urteil des Bundesverfassungsgerichts[2], die Mitbestimmung das Hauptthema der rechtspolitischen Diskussion zum Unternehmensrecht als Unternehmensverfassungsrecht.

Seit der Deutsche Juristentag 1951 sich mit der „Gestaltung der Unternehmensform unter den Gesichtspunkten der Wirtschafts- und Sozialverfassung" befaßt hat[3], wird das Unternehmensrecht weithin als Mitbestimmungsrecht verstanden. Aus der Ausrichtung auf die Mitbestimmung folgt, daß in der rechtspolitischen Diskussion gemeinhin von Unternehmensrecht nur für die Aktiengesellschaft oder jedenfalls für die Kapitalgesellschaft gehandelt wird, wie ja auch das Mitbestimmungsgesetz 1976 ganz auf die Aktiengesellschaft ausgerichtet ist. Die Personenunternehmen sind so in der rechtspolitischen Diskussion um das Unternehmensrecht ganz in den Hintergrund getreten, eben weil man für sie im allgemeinen keinen rechten Ansatz für eine Verwirklichung der Mitbestimmungsforderung sah.

So ist der 1955 erstattete Bericht des Ausschusses I der aufgrund eines Beschlusses des Deutschen Juristentages von 1951 bestellten Studienkommission des Deutschen Juristentages[4] ganz auf die Aktiengesellschaft ausgerichtet, und die Unternehmensverfassung ist als Mitbestimmungs-Unternehmensverfassung in Gegensatz zum Gesellschaftsrecht gestellt. Die Grundthese des von Ballerstedt verfaßten Berichts ist die Unterscheidung von Gesellschaftsrecht und

[1] Festschr. Konrad Duden, 1977, S. 15 ff.
[2] BVerfG E 50, 290 ff.
[3] Verhandl. des 39. Deutschen Juristentags in Stuttgart 1951 (1952), B 1 ff.
[4] Untersuchungen zur Reform des Unternehmensrechts, Teil I, 1955.

Unternehmensrecht. Durch diese Unterscheidung wird nach dem Bericht[5] „hervorgehoben, daß eine gesellschaftsrechtliche Behandlung das Unternehmen nicht in seiner Ganzheit erfaßt, weil auf diese Weise nur der Unternehmer und der Kapitaleigner als Subjekte des im Unternehmen ablaufenden Wirtschaftsgeschehens erscheinen". Es heißt dann weiter in dem Bericht: „In den Begriff ‚Unternehmensrecht' ist nach Ansicht der Mehrheit der Ausschußmitglieder – man darf annehmen, es handelt sich jedenfalls um Ballerstedt, Kunze und Ludwig Raiser – ein systematischer Ansatzpunkt dafür geboten, Unternehmer, Kapitaleigner und Arbeitnehmer als jeweils in besonderer Weise Beteiligte und Mitträger zu würdigen." Ergänzend wird sodann noch versichert: „Auch die gesamtwirtschaftliche Rolle der Unternehmen, wie sie namentlich in der Bindung der Unternehmensführung an das ‚Gemeinwohl' (§ 70 AktG) zum Ausdruck kommt, läßt sich nur dann befriedigend einordnen, wenn man das Unternehmen nicht unter dem Gesichtspunkt rein erwerbswirtschaftlicher Interessen betrachtet."

Die Widersprüchlichkeit dieser Aussage ist dem Ausschuß offenbar nicht zum Bewußtsein gekommen. Es geht dem Bericht darum, das Gesellschaftsrecht als Recht, das nur auf das Erwerbsinteresse der Gesellschafter abgestellt ist, dem Mitbestimmungs-Unternehmensrecht als einer höheren Kategorie, weil das Mitbestimmungs-Unternehmensrecht „das Unternehmen nicht unter dem Gesichtspunkt rein erwerbswirtschaftlicher Interessen betrachtet", gegenüberzustellen. Dagegen hatte doch § 70 AktG 1937 längst für das Gesellschaftsinteresse bestimmt, daß es nicht die „rein erwerbswirtschaftlichen Interessen" sind, wenn man diesen Begriff wie der Bericht als Diffamierung versteht.

Für den Begriff „Unternehmensrecht" wird in dem Bericht in Anspruch genommen, daß es der umfassendere ist und daß „die Anerkennung des Unternehmensrechts als die im Verhältnis zum Gesellschaftsrecht weitere Kategorie zugleich einen Wandel der Wirtschaftsziele und damit der Verantwortungsmaßstäbe für unternehmerisches Handel zum Ausdruck bringt", während es doch schon in § 70 AktG 1937 heißt, der Vorstand habe die Gesellschaft so zu leiten, wie das Wohl des Betriebs und seiner Gefolgschaft und der gemeine Nutzen von Volk und Reich es fordern.

---

[5] A. a. O. S. 19.
[6] A. a. O.

Gleich was man von dieser Formel des Aktiengesetzes 1937 hält, jedenfalls ist mit ihr alles erfaßt, was bisher zum Unternehmensrecht für den sogenannten Interessenpluralismus vorgebracht worden ist: Das Wohl des Betriebs – was immer man sich darunter vorstellt –, die Arbeitnehmerinteressen und das Gemeinwohl, die Trias also, die in den Vorschlägen zur Unternehmensverfassung immer wieder vorkommt.

Im Aktiengesetz 1965 ist die Formel von § 70 AktG 1937 fallengelassen worden. Es heißt in § 76 nur noch schlicht: „Der Vorstand hat unter eigener Verantwortung die Gesellschaft zu leiten." Im Referentenentwurf 1958 hieß es noch, der Vorsatnd habe die Gesellschaft unter eigener Verantwortung so zu leiten, „wie das Wohl des Unternehmens, seiner Arbeitnehmer und der Aktionäre sowie das Wohl der Allgemeinheit es fordern". Wenn diese Formel dann aufgegeben worden ist, so nicht deshalb, weil sie gesellschaftsrechtlich unrichtig sei, sondern im Gegenteil, weil sie sich von selbst verstehe"[a]. Bei den Beratungen im Rechts- und Wirtschaftsausschuß stand die Mehrheit auf dem Standpunkt, daß auch die Aufnahme einer Gemeinwohlklausel, nach der die Gesellschaft das Unternehmen unter Berücksichtigung des Wohls seiner Arbeitnehmer, der Aktionäre und der Allgemeinheit zu betreiben habe, in das Gesetz überflüssig sei, weil in einem sozialen Rechtsstaat (Art. 20, 28 GG) die Berücksichtigung der drei Faktoren Kapital, Arbeit und öffentliche Interessen eine selbstverständliche Pflicht sei[7].

Es ist allerdings richtig, daß es die Richtlinie des § 70 Aktiegesetz 1937 als positivierten Rechtssatz nicht mehr gibt"[b]. Der Fragwürdigkeit der Gemeinwohlklausel mangels einer Konkretisierung ist man sich allgemein bewußt, und jedenfalls versteht man sie nicht mehr so wie im Jahre 1937. Das „Unternehmensinteresse" ist in der neueren Diskussion zum Unternehmensrecht das Moment, auf welches die Leitung der Aktiengesellschaft und die Verantwortung von Vorstand und Aufsichtsrat nach dem Gesetz ausgerichtet ist. Wie noch jüngst Peter Ulmer[8] hervorgehoben hat, ist „insoweit

---

"[a] Siehe Begründung zu § 73 Regierungsentw. AktG.
"[b] Den Folgerungen von Rittner, JZ 1980, 113 ff., Festschr. Gessler 1971, 139 ff. ist jedoch nicht beizupflichten.
[7] Siehe Zit. bei Hefermehl, Kom. AktG § 76 N 19; Kübler, Schmidt, Simitis, Mitbestimmung als gesetzgebungspolitische Aufgabe, 1978, S. 131 und N 103 Zit.
[8] Der Einfluß des Mitbestimmungsgesetzes auf die Struktur von AG und GmbH, Jur. Stud. ges. Karlsruhe, Heft 140, S. 36.

eine Änderung durch das Mitbestimmungsrecht nicht eingetreten",
wenn auch die Beachtung der Belange der Arbeitnehmer im Aufsichtsrat durch die quasi paritätische Mitbestimmung zweifellos de
facto ein größeres Gewicht erlangt hat. Zu Unrecht hat demgegenüber Ballerstedt[9] gemeint, man dürfe „als Zweck des Gesetzes" betrachten, daß „der Begriff des Unternehmensinteresses mit der (na-
hezu) paritätischen Mitbestimmung eine inhaltliche Veränderung
erfährt". Sicher ist dies der Wunsch mancher Protagonisten der
Mitbestimmung gewesen. Es wäre aber rechtlich gar nicht ein-
zuordnen, wenn die Verantwortung von Vorstand und Aufsichtsrat
einer AG in der Wahrung des Unternehmensinteresses unterschied-
lich wäre, je nach dem, ob die Gesellschaft mehr oder weniger als
2000 Arbeitnehmer beschäftigt. Das Mitbestimmungsurteil des
Bundesverfassungsgerichts weiß denn auch nichts davon, daß durch
das Mitbestimmungsgesetz das Unternehmensinteresse als maßgeb-
liches Moment für die Leitung der Aktiengesellschaft für die mitbestimmten Gesellschaften einen gegenüber den nicht mitbestimmten
Gesellschaften unterschiedlichen Inhalt erhalten hätte.

Das Mitbestimmungsgesetz hat die rechtliche Stellung des Vor-
stands nicht verändert. Auch die Vorschrift über die Bestellung des
„Arbeitsdirektors" hat nicht zum Inhalt, daß für den Vorstand der
mitbestimmten Gesellschaft im Unterschied zu dem Vorstand der
nicht mitbestimmten Aktiengesellschaft an die Stelle eines ‚Interes-
senmonismus' ein Interessenpluralismus als Maxime getreten wäre.
Für die mitbestimmte Aktiengesellschaft gilt auch nach dem Mitbestimmungsgesetz unverändert wie für die nicht mitbestimmte AG:
„Der Vorstand hat unter eigener Verantwortung die Gesellschaft
zu leiten." Die Maxime für den Vorstand ist für mitbestimmte und
nicht mitbestimmte Aktiengesellschaften das gleiche Unternehmensinteresse.

2. Die rechtspolitische Diskussion um das Unternehmensrecht
geht um das Unternehmensrecht als Unternehmensverfassungsrecht. Nur von diesem soll hier die Rede sein. Es handelt sich um die
Verfassung des Unternehmens als Wirkungseinheit. Zur Bestimmung des Unternehmensbegriffs kann ich auf die Formulierung
verweisen, die Fechner in seiner Bonner Antrittsvorlesung 1942 in
Anlehnung an die nationalökonomische Begriffsbestimmung von

---

[9] ZGR 1977, 136.

Vleugels[10] geprägt hat, das Unternehmen sei „die sozialrechtliche Einheit eines Personenverbandes, der mit Hilfe von sachlichen und immateriellen Erzeugungsmitteln unter dem Gesichtspunkt der Kostendeckung oder Gewinnerzielung der produktiven Bereitstellung von Gütern bzw. Leistungen im Rahmen der volkswirtschaftlichen Gesamtplanung zu dienen bestimmt ist"[11]. Ballerstedt[12] hat gemeint, gegenwärtig sei „die Entwicklung des Unternehmensrechts rechtspolitisch wie wissenschaftlich so wenig abgeschlossen, daß eine Definition des Begriffs ‚Unternehmen' dank ihrer notwendig apodiktischen Formulierung in den Verdacht einer versuchten Erschleichung geraten kann". Bemerkenswert ist, daß die Begriffsbestimmung von Ballerstedt voll der von Fechner entspricht. Bei Ballerstedt heißt es: „Unternehmen i. S. des Systembegriffs Unternehmensrecht ist eine auf Dauer angelegte Vereinigung personeller Kräfte und sachlicher Mittel zu einem wirtschaftlichen Zweck im Interesse der Erzielung einer durch Teilnahme am Marktverkehr zu realisierenden materiellen Wertschöpfung."

Die Wirkungseinheit Unternehmen ist bei uns verfaßt als juristische Person oder als Personenunternehmen, nämlich als Einzelunternehmen oder Personen-Handelsgesellschaft oder Gesellschaft des bürgerlichen Rechts. Das Aktienrecht ist das Unternehmensverfassungsrecht der als Aktiengesellschaften verfaßten Unternehmen. Hierzu ist ein Rückblick angebracht, wie das Verhältnis von Unternehmen und juristischer Person betreffs der Aktiengesellschaft verstanden worden ist, seit Savigny die moderne Lehre von der juristischen Person begründet hat.

Savigny hat die Lehre von der juristischen Person in dem 1840 erschienenen II. Band seines Systems des heutigen römischen Rechts entwickelt für die Korporationen der Gemeinden, Städte und Dörfer, Handwerkszünfte und Innungen und die Stiftungen und schließlich den Fiskus. Dieser ist nach Savigny[13] „die wichtigste unter allen juristischen Personen", nämlich „der Staat selbst, als Subjekt von privatrechtlichen Verhältnissen gedacht". Die juristi-

---

[10] Jahrb. d. Ak. f. Dtsch. Recht 1938, 235.
[11] Fechner, Das wirtschaftliche Unternehmen in der Rechtswissenschaft, Antrittsvorl. der Rheinischen Friedrich-Wilhelms-Universität, Heft 7, S. 16.
[12] Festschr. Duden, S. 22; Zum „Stand der Lehre vom Unternehmen und vom Unternehmensrecht" siehe Thomas Raiser, Festschr. Robert Fischer, 1979, S. 563 ff.; siehe auch Wiedemann, Festschr. Robert Fischer, S. 884 u. N. 4 Zit.
[13] A. a. O. S. 245.

schen Personen der Lehre Savignys sind sämtlich Sozialgebilde
ohne eine Eigenberechtigung von Mitgliedern hinsichtlich des
Vermögens oder der Einkünfte. Savigny berücksichtigt dagegen bei
der Grundlegung der Lehre von der juristischen Person in seinem
System nicht die juristische Person mit vermögensmäßiger Eigenberechtigung der Mitglieder, d. h. vor allem die Kapitalgesellschaft.
Erst in dem 1853 erschienenen Obligationenrecht II, also 13 Jahre
nach der Veröffentlichung der Lehre von der juristischen Person in
dem System, handelt Savigny von der Aktiengesellschaft, wobei die
Eisenbahn-Aktiengesellschaften im Vordergrund stehen[14].

Nach Savigny sind die Aktien „Urkunden über Anteile am Eigentum einer Eisenbahn oder einer anderen industriellen Anstalt,
und der Inhaber einer solchen Aktie ist ein Miteigentümer". Man
könnte jedoch auch – meint Savigny – „die Corporation als Eigen-
thümer der Anstalt ansehen, so daß die einzelnen Aktionäre als
Gläubiger der Corporation oder als bloße Nutzungsberechtigte gedacht werden müßten"[15]. Indem Savigny die Aktionäre hinsichtlich
der „Anstalt" der AG – wir würden sagen: Hinsichtlich des Unternehmens der AG – als Gläubiger und Nutzungsberechtigte oder –
welcher Meinung er den Vorzug gibt – als Miteigentümer einord-
net, trennt er das wirtschaftliche Interesse der Aktionäre von der juristischen Person und der Mitgliedschaft, indem nach seiner Ansicht bei der AG „die corporative Verfassung bloß die leichtere und
vollständigere Vertretung nach außen zum Zweck hat". Indem Savigny so das Interesse der Aktionäre als unmittelbares Miteigentum
oder als Gläubigerstellung gegenüber der juristischen Person und
der Mitgliedschaft an ihr verselbständigt, fügt er die Aktiengesellschaft seiner Lehre von der juristischen Person ein, in welcher für
„Destinatäre" im Sinne von Ihering kein Platz ist. Neben die juristische Person tritt nach Savigny hinsichtlich des Vermögens das
Verhältnis der Mitglieder als Sozietät. Hierzu sagt Savigny[16]: „Für
diese Auffassung spricht der Umstand, daß ursprünglich gewiß eine
reine Sozietät (also Miteigentum der Einzelnen) vorhanden ist, und
daß die spätere Erteilung der Corporationsrechte gewiß nicht dazu
bestimmt ist, das innere Rechtsverhältnis wesentlich umzuändern."
Ungeachtet des inneren Rechtsverhältnisses als Sozietät ist aber die

---

[14] Obligationsrecht II, 112 ff.
[15] A. a. O. S. 113 N f.[1]
[16] A. a. O.

Aktiengesellschaft nach der Ansicht von Savigny Korporation, d. h. juristische Person[17]. Savigny hat es bei der Einordnung der Aktiengesellschaft als Korporation bewenden lassen, ohne zu erörtern, welche Folgerungen sich aus dem von ihm angenommenen Nebeneinander von Sozietät und Aktiengesellschaft für die Aktiengesellschaft als juristische Person ergeben.

Das Thema „Unternehmen und juristische Person" ist seit Savigny im wesentlichen für die Aktiengesellschaft behandelt worden[18]. Es geht hinsichtlich der Aktiengesellschaft darum, wie die vermögensmäßige Eigenberechtigung der Aktionäre hinsichtlich des Unternehmens der Aktiengesellschaft mit dem Wesen der Aktiengesellschaft als juristischer Person in Einklang zu bringen ist. Für die Theorie des 19. Jahrhunderts blieb die Frage strittig[19]. Die Lehre Savignys von dem Miteigentum der Aktionäre wurde weiterhin vertreten und dafür die Formulierung von Art. 216 ADHGB in Anspruch genommen. Es hieß dort: „Jeder Aktionär hat einen verhältnismäßigen Anteil an dem Vermögen der Gesellschaft." Thöl[20] und andere[21] ziehen jedoch im Gegensatz zu Savigny aus der These, daß das Vermögen unmittelbar den Aktionären zugehört, die Folgerung, daß die Aktiengesellschaft keine juristische Person sei. Mit

---

[17] Anders zu Unrecht Kiefer, Festschr. Westermann, 1974, S. 263 ff., daß von Savigny für die Aktiengesellschaft die Eigenschaft als juristische Person verneint werde.

[18] Siehe zur Diskussion um den Rechtsbegriff des Unternehmens Raisch, Geschichtliche Voraussetzungen, dogmatische Grundlagen und Sinnwandlung des Handelsrechts, 1965, S. 119 ff.; Flume, Unternehmen und juristische Person, Festschr. Beitzke, 1979, S. 43 ff.

[19] Noch bei Gebhard, Vorentw. Allgem. T. Abschnitt II, Tit I/II, S. 25 heißt es, ob die Aktiengesellschaft als eine juristische Person zu betrachten sei, sei „eine ungelöste" Streitfrage geblieben; siehe dort Anm. 1, auch zur Literatur des 19. Jahrhunderts. In der Entscheidung ROHG Bd. 22, 239 ff. (1877) geht der I. Senat des ROHG offenbar zwar davon aus, daß die Aktiengesellschaft juristische Person ist; es ist aber bemerkenswert, daß er die Entscheidung der Frage dahingestellt sein läßt. Es heißt a. a. O. S. 242: „Es kann unentschieden bleiben, ob nicht in der Tat der Art. 213 cit die Actiengesellschaft als einheitliches Rechtssubjekt für alle der Realisation des Gesellsachatfszwecks dienenden Rechte und Verbindlichkeiten hinstellt und deshalb wie das wahre Wesen der Actiengesellschaft zur Annahme der juristischen Person zwingt."

[20] Handelsrecht I §§ 87, 121.

[21] Siehe Zit. bei Thöl a. a. O. § 87 N. 3; Gebhard a. a.O.; Karl Lehmann, Das Recht der Aktiengesellschaften I (1898) S. 237 f. Zit.

Recht heißt es bei Karl Lehmann[22] zu dieser Lehre: „Der Brenn-
punkt, in dem alle die juristische Persönlichkeit leugnenden Theo-
rien zusammenlaufen, war und ist das Verhältnis der Aktionäre
zum Gesellschaftsvermögen."

Ungeachtet des Art. 216 ADHGB hat sich im 19. Jahrhundert
die Ansicht durchgesetzt, daß das Vermögen rechtlich der Aktiengesellschaft als juristischer Person zugeordnet ist, daß aber, wie es
bei Windscheid[23] heißt, „das Vermögen der Korporation unter die
einzelnen Mitglieder seinem Geldwert nach verteilt ist". Nach
Windscheid haben die Aktionäre „gegen die Aktiengesellschaft
Forderungsrechte, durch welche der Geldwert des Vermögens der-
selben absorbiert wird"[24]. Noch Wieland[25] verwendet für das Vermögen der Aktiengesellschaft wie aller Handelsgesellschaften den
Begriff der Gesamthand und sieht den Unterschied zwischen Personengesellschaft und Kapitalgesellschaft nur darin, daß die perso-
nengesellschaftliche Gesamthand Rechtsgemeinschaft mit unver-
fügbaren Anteilen, die kapitalgesellschaftliche Gesamthand dagegen eine Gemeinschaft mit verfügbaren Anteilen ist. Heute ist es
aber allgemeine Meinung, daß die Aktiengesellschaft juristische
Person ist. Auch der Meinungsstreit um die dogmatische Konstruk-
tion des Verhältnisses des Aktionärs zum Vermögen der Aktiengesellschaft, ob es sich um ein sachenrechtliches oder ein obligations-
rechtliches Verhältnis handelt, ist vergessen. Die volle und aus-
schließlich rechtliche Zuordnung des Vermögens der Aktiengesellschaft zu der Aktiengesellschaft als juristischer Person steht heute
außer Frage. Mit der Durchsetzung dieser Ansicht ging einher, daß
die Aktiengesellschaft ganz und gar als eine Veranstaltung der Aktionäre gewertet wurde. In Rechtslehre und Rechtspraxis wurde es
– und bis zum Erscheinen der Schrift von Walther Rathenau, Vom
Aktienwesen, 1917, war es – allgemeine Meinung, daß bei der Aktiengesellschaft, wie Karl Lehmann[26] formuliert hat, „formaljuristisch ein besonderes Lebewesen da ist, welches materiell wirtschaftlich nur um der Mitglieder willen und für die Mitglieder fun-

---

[22] A. a. .O. S. 238; siehe zur Überwindung der Sozietätslehre insbes. die einge-
hende Darstellung bei Karl Lehmann a. a. O. S. 227 ff., zugleich mit rechtsver-
gleichenden Hinweisen.

[23] Pandektenrecht I § 58.

[24] A. a. O. N.5; siehe dort auch Zit. der gemeinrechtlichen Literatur.

[25] Handelsrecht I § 50 III.

[26] A. a. O. I, 243.

giert". Repräsentativ für die allgemeine Meinung statuiert das deutsche Reichsgericht in einer Entscheidung aus dem Jahre 1904: „Die Aktiengesellschaft ist kein selbstnütziges Vermögenssubjekt; ihre Bestimmung ist, für die Aktionäre zu arbeiten und diesen, während ihres Bestehens in Form des Gewinnes, nach der Auflösung durch Verteilung, das Vermögen wieder zufließen zu lassen. Dem entspricht der Wertgehalt der Aktionärrechte"[27].

Noch 1962 heißt es in der Begründung des Regierungsentwurfs zur Aktienrechtsreform[28], das Aktienrecht müsse „von dem wirtschaftlichen Eigentum der Aktionäre an dem auf ihren Kapitalbeiträgen beruhenden Unternehmen ausgehen". Der Aktionär wird als „wirtschaftlicher Miteigentümer" des Unternehmens bezeichnet. Die Entwurfsbegründung folgert: „Richtlinie aller aktienrechtlichen Regelungen muß daher die Fragestellung sein, ob die einzelne Regelung der Stellung der Aktionäre als der wirtschaftlichen Eigentümer des Unternehmens entspricht." Hinsichtlich der Hauptversammlung wird dementsprechend in der Entwurfsbegründung vertreten, sie müsse „den Einfluß erhalten, der der Eigentümerstellung der Aktionäre entspricht". Das Aktiengesetz von 1965 hat dies aber nicht bewirkt.

Die Eigentumsthese war für die Aktiengesellschaft nach deutschem Recht schon 1962 in Wirklichkeit ein Anachronismus. Für das deutsche Aktienrecht war, jedenfalls seit dem Aktiengesetz von 1937, die Ansicht nicht mehr aufrechtzuerhalten, daß die Aktiengesellschaft – nach einer Formulierung von Karl Lehmann – „nur das Rechtsgewand für eine den Interessen der Mitglieder dienende Vereinigung ist". Es ist üblich geworden, auf den Interessenpluralismus zu verweisen, der für das Unternehmen der Aktiengesellschaft bestehe und der in der Formel von § 70 AktG 1937 seinen Ausdruck gefunden habe, daß die Gesellschaft so zu leiten ist, „wie das Wohl des Betriebs und seiner Gefolgschaft und der gemeine Nutzen von Volk und Reich es fordern". Wichtiger aber ist, was das Grundsätzliche der Rechtsfigur der Aktiengesellschaft als juristischer Person anbetrifft, die auch im Aktiengesetz 1965 beibehaltene Änderung des Aktiengesetzes 1937, daß die Leitung der Gesellschaft in die Eigenverantwortung des Vorstandes gegeben ist und der Vorstand gegenüber den Aktionären unabhängig ist.

---

[27] RGZ 59, 423 ff., 425.
[28] Allgemeines, II.

14

Es ist bemerkenswert, daß Karl Lehmann, auch wenn er das Gesellschaftskapital wirtschaftlich als „Kapital der Mitglieder" versteht und dementsprechend die Aktiengesellschaft nur als eine „den Interessen der Mitglieder dienende Vereinigung" wertet, er doch die Problematik gesehen hat, die sich hiernach für die Aktiengesellschaft im Gegensatz zu der juristischen Person ohne Eigenberechtigung der Mitglieder, d. h. dem Archetypus der juristischen Person nach der Lehre Savignys, ergibt. Darin, daß bei der Aktiengesellschaft das Gesellschaftskapital wirtschaftlich Kapital der Mitglieder ist, liegt, wie Karl Lehmann[29] sagt, „der eigentlich schwierige Punkt", und er führt dazu aus, aus diesem Umstand erwüchsen „eigenartige Konsequenzen, welche, obwohl sie dem Wesen der juristischen Persönlichkeit nicht widersprechen, dem ideell vorschwebenden Normaltypus der juristischen Persönlichkeit fremd sind".

Die wirtschaftliche Zuordnung des Unternehmens an die Aktionäre, indem die juristische Person nur formaljuristisch als – nach der Formulierung von Karl Lehmann – „ein besonderes Lebewesen da ist, welches materiell wirtschaftlich nur um der Mitglieder willen und für die Mitglieder fungiert", trennt in Wirklichkeit die juristische Person als bloße Organisation von ihren Mitgliedern, für die sie nur ein Mittel sein soll, um das Unternehmen in ihrem Interesse zu betreiben. Zugleich wird aber auch das Unternehmen von der juristischen Person gelöst, indem es für sie nur Objekt ist, aber nicht Teil der als juristische Person verfaßten Wirkungseinheit.

3. Die herrschende Lehre sieht das Verhältnis von Unternehmen und juristischer Person betreffs der Aktiengesellschaft so, daß die juristische Person als „Anteilseignergesellschaft" der Unternehmensträger des Unternehmens als eines Rechtsgegenstandes ist[30]. Von dieser Vorstellung ist auch noch das Mitbestimmungsurteil des Bundesverfassungsgerichts bestimmt[31]. So wertet das Urteil des Bundesverfassungsgerichts die Mitbestimmung als „Fremdbe-

---

[29] A. a. O.
[30] Siehe Rittner, Die werdende juristische Person, 1973, S. 282 ff.; JZ 1979, 744; andere sprechen von „Unternehmensinhabern"; siehe dazu Thomas Raiser, Festschr. Robert Fischer, 1979, S. 567.
[31] BVerfG E S. 341, 351, 352, 364, 365. Das Urteil spricht von den Gesellschaften als „Unternehmensträgern" und von den „die Unternehmen tragenden Gesellschaften".

stimmung"[32], meint jedoch, der Gesetzgeber könne „auch die Folge eines gewissen Maßes an Fremdbestimmung in Kauf nehmen"[33]. Mit der Mitbestimmung öffnet nach dem Mitbestimmungsurteil der Gesetzgeber „die Organbestellung und Willensbildung der Kapitalgesellschaften gesellschaftsexternen Einflüssen"[34]. Die Arbeitnehmervertreter sind nach dem Bundesverfassungsgericht „gesellschaftsexterne Vertreter im Aufsichtsrat" und gegenüber den Vertretern der Arbeitnehmer des Unternehmens heißt es in dem Urteil von den Gewerkschaftsvertretern, sie seien „noch gesellschaftsfremder als die ersten"[35].

Während die h. L. das Unternehmen als Rechtsgegenstand gegenüber der juristischen Person als Unternehmensträger verselbständigt, ist aufgrund des Verständnisses des Unternehmens als eines Sozialverbandes, der sogenannten Sozialverbandstheorie[36], die These vertreten worden, daß das Unternehmen als Sozialverband rechtlich zu verselbständigen sei und so der juristischen Person der Sozialverband Unternehmen gegenüberstehe. Für die Mitbestimmung soll dies bei der juristischen Person zur Folge haben, daß die Aktiengesellschaft als juristische Person als Anteilseignerverband nur noch den gleichen Status wie der Belegschaftsverband hinsichtlich der Entscheidungsgewalt über das Unternehmen hat, die Mitbestimmung also nicht erst beim Aufsichtsrat, sondern schon bei der „Unternehmensversammlung" ansetzt[37].

Die These von dem verselbständigten Sozialverband „Unternehmen" ist ferner dafür in Anspruch genommen worden, auch für die Personenunternehmen, das Unternehmen des Einzelkaufmanns und der Personengesellschaften, die Mitbestimmung zu propagie-

---

[32] A. a. O. S. 345 u. passim.
[33] A. a. O. S. 360.
[34] A. a. O.
[35] A. a. O. S. 361.
[36] Siehe Zit. bei Flume, ZGR 1978, S. 681 N.14; Thomas Raiser, Festschr. Robert Fischer, S. 564/5 Zit.; siehe insbes. Thomas Raiser, Das Unternehmen als Organisation, 1969. Nach der eigenen Aussage von Raiser, Festschr. Robert Fischer, S. 565, sucht sein Buch den Gedanken der Sozialverbandstheorie „mit Hilfe der soziologischen Organisationstheorie auf eine höhere Stufe der wissenschaftlichen Reflexion und Differenziertheit zu heben". Siehe auch Ott, Recht und Realität der Unternehmenskorporation, 1976.
[37] Siehe dazu vor allem den sogenannten Sechserbericht von Boettcher, Hase, Kunze, v. Nell-Breuning, Ortlieb, Preller: Unternehmensverfassung als gesellschaftspolitische Forderung, 1968.

ren[38]. Wenn es bei der Mitbestimmung, wie es in dem Bericht der sogenannten Sachverständigenkommission, der Biedenkopfkommission, heißt[39], um „die Beeinflussung der Unternehmensführung durch die Auswahl der Führungskräfte" und „die inhaltliche Beeinflussung der unternehmerischen Kompetenzen" zugunsten der Arbeitnehmer geht, ist es ja auch offensichtlich, daß „eine solche Beeinflussung der Organisations- und Leitungsgewalt im Unternehmen" für das Unternehmen eines Einzelkaufmanns oder einer Personengesellschaft voraussetzen würde, daß für das verselbständigte Unternehmen eine besondere Organisation geschaffen wird und so die Mitbestimmung in den Organen des Unternehmens angesiedelt werden kann.

Die organisatorische Verselbständigung des Unternehmens gegenüber den nach bisheriger Lehre als Unternehmensträgern verstandenen Personen, den juristischen Personen, den Personengesellschaften und dem Einzelkaufmann, bedeutet die Erhebung des Sozialverbandes Unternehmen zur juristischen Person, d. h. im Fall der Aktiengesellschaft zu einer juristischen Person neben der Aktiengesellschaft als juristischer Person. Soweit das Unternehmensvermögen als „Sondervermögen" angesehen und der „Unternehmensverband" als „nicht rechtsfähiger Verein", der für das Unternehmen als „Sondervermögen" handelt, eingeordnet oder ohne weitere Typisierung nur als für das Sondervermögen „handelndes Subjekt" bezeichnet wird[40], wird man an die Brinzsche Zweckvermögenstheorie erinnert.

Die Sozialverbandstheorie enthält, wie Wiedemann[41] mit Recht gesagt hat, „eine geschickte Ideologie, um jedwede Mitbestimmungsforderung zu begründen". Mit dem geltenden Recht hat sie jedoch nichts zu tun. Der angebliche Verband von Anteilseignern und Arbeitnehmern, der als juristische Person neben der Aktiengesellschaft als juristische Person bestehen soll, ist eine bare Erfindung. Die Polemik von Thomas Raiser[42] gegen das Mitbestim-

---

[38] Siehe bes. v. Nell-Breuning, Festschr. Kronstein, 1967, S. 47 ff.; Festschr. Kunze, 1969, S. 143 ff.; Kunze, Festschr. Duden, 1977, S. 201 ff., 218 ff.
[39] BT Drucks. VI, 334, Tz 20.
[40] Kunze, Festschr. Duden, S. 228 ff.
[41] ZGR 1975, 402.
[42] JZ 1979, 489 ff.

mungsurteil des Bundesverfassungsgerichts, weil dieses nicht der Sozialverbandstheorie folgt, ist zurückzuweisen[43].

4. Das Unternehmen ist weder nur bloßer Rechtsgegenstand der Aktiengesellschaft als des Unternehmensträgers, noch ist es als Rechtssubjekt gegenüber der Aktiengesellschaft als juristischer Person zu verselbständigen. Das Unternehmen ist eine Wirkungseinheit. Insofern unterscheiden sich das in der Aktiengesellschaft als juristischer Person verfaßte Unternehmen und das Personenunternehmen nicht. Ein grundsätzlicher Unterschied besteht jedoch in der rechtlichen Organisation, der Unternehmensverfassung. Die Rechtsbeziehungen des Unternehmens sind bei der Einzelfirma bezogen auf den Kaufmann, der das Unternehmen betreibt. Bei der Handelsgesellschaft und der Gesellschaft des bürgerlichen Rechts sind die Rechtsbeziehungen solche der gesamthänderischen Personengemeinschaft der Gesellschafter. Bei dem als juristische Person verfaßten Unternehmen sind alle Rechtsbeziehungen solche der juristischen Person.

Das Personenunternehmen ist, wie es der Terminus treffend sagt, ein Unternehmen von Personen, des Einzelkaufmanns oder der Personengesellschaft. Das Unternehmen und der Einzelkaufmann oder die Personengesellschaft lassen sich nicht identifizieren. Das Personenunternehmen ist als Wirkungseinheit vielmehr im Verhältnis zum Einzelkaufmann oder zur Personengesellschaft nur Rechtsgegenstand. Der Einzelkaufmann oder die Personengesellschaft, diese als subjektive Wirkungseinheit, sind Unternehmensträger des Unternehmens als ihnen gegenüber objektiver Wirkungseinheit.

Was das Unternehmen der Aktiengesellschaft – diese als Paradigma der juristischen Person – anbetrifft, so wäre es, wie Rittner[44] gesagt hat, „ein schon aus Gründen der Logik abseitiger Gedanke, das Unternehmen selbst zum Unternehmensträger zu erklären". Das wäre in der Tat eine Art Münchhausen-Jurisprudenz. Eine ganz andere Frage ist es aber, ob das Unternehmen nicht mit der juristischen Person, weil es ihr zugehörig ist, identifiziert werden

---

[43] Siehe auch Rittner, JZ 1979, 743 ff.
[44] Die werdende juristische Person, S. 288.

kann. Diese Frage ist zu bejahen⁴⁵. Insofern ist für die Unternehmen juristischer Personen die Problematik der personenmäßigen Zuordnung im Grundsätzlichen anders geartet als bei den Personenunternehmen. Während bei dem Personenunternehmen sich das Unternehmen nicht rechtlich mit dem Einzelkaufmann oder der Gruppe der Gesellschafter bei der Personengesellschaft identifizieren läßt, ist bei der Aktiengesellschaft diese Identifikation, welche die Antithese von Unternehmen und Unternehmensträger aufhebt, in der Weise möglich, daß man die Aktiengesellschaft als das verfaßte Unternehmen begreift. Selbstverständlich sind nicht die Aktiven und Passiven des Unternehmens und überhaupt das Unternehmen als Rechtsgegenstand die juristische Person, sondern das Unternehmen als Rechtsgegenstand ist Teil der als Aktiengesellschaft verfaßten Wirkungseinheit. Die Aktiengesellschaft ist als juristische Person – um in der Sprache Savignys zu reden – „das ideale Wesen, welches wir die juristische Personen nennen"⁴⁶.

„Das Wesen aller Corporationen besteht", wie Savigny⁴⁷ gesagt hat, „in dem idealen Ganzen", und zu der juristischen Person als „dem idealen Ganzen" gehören bei den als juristische Person verfaßten Unternehmen sowohl das Unternehmen mit allem, was dazu gehört, den in den Unternehmen Tätigen und den Aktiven und Passiven, wie die Mitglieder der juristischen Person. Auch für das als juristische Person verfaßte Unternehmen sollte man gegenüber der Identifikation der juristischen Person mit ihren Mitgliedern als ihrem „Substrat" der Ansicht Gierkes⁴⁸ folgen, daß Savigny der gemeinrechtlichen und vernunftrechtlichen Lehre, welche die juristische Person mit der Gesamtheit ihrer Mitglieder als „universitas ipsa" gleichsetzte, den Todesstoß versetzt hat.

Von der Identifikation von Unternehmen und Aktiengesellschaft geht § 166 Abs. 2 AktG aus mit der Statuierung der Berichtspflicht der Abschlußprüfer über Tatsachen, „die den Bestand des Unter-

---

⁴⁵ Unrichtig Rittner, JZ 1979, 745 N.50. Rittner identifiziert zu Unrecht die juristische Person mit den Mitgliedern. Rittner meint, das Recht könne sich als „Handlungsordnung" allein an Personen wenden. Dem ist zuzustimmen. Als „Handlungsordnung" wendet sich das Recht an die Organe der juristischen Person. Diese handeln aber nicht für die Anteilseigner, sondern für die juristische Person als das „ideale Ganze". Siehe dazu weiter im Text.

⁴⁶ System II, 283.

⁴⁷ System II, 243.

⁴⁸ Genossenschaftstheorie, S. 617.

nehmens oder seine Entwicklung wesentlich gefährden". Darüber hinaus kann man sagen, daß die gesamten Vorschriften über die Rechnungslegung der Aktiengesellschaft auf der Identifikation der Aktiengesellschaft und des Unternehmens der Aktiengesellschaft beruhen. Die Rechnungslegung ist eine solche betreffs der Aktiengesellschaft, auch wenn alle Daten der Rechnungslegung das Unternehmen betreffen.

Eine Identifikation von juristischer Person und Unternehmen ist allerdings nur möglich, wenn die juristische Person keine anderen Aktivitäten entfaltet als das Betreiben eines Unternehmens. So kann man juristische Personen des öffentlichen Rechts, die als Wirkungseinheiten vornehmlich ganz andere Zwecke verfolgen, nicht mit einem von ihnen unterhaltenen Unternehmen in der Weise identifizieren, daß sie als juristische Personen das verfaßte Unternehmen seien. Die Entscheidung BGHZ 69,334 ist zwar mit dem Leitsatz veröffentlicht „Herrschendes Unternehmen kann auch die Bundesrepublik Deutschland sein"[49]. Ungeachtet dessen, daß der Entscheidung hinsichtlich des Zwanges zu der Alternative der Barabfindung für die öffentliche Hand als Mehrheitsaktionär – jedenfalls in analoger Anwendung des § 320 Abs. 5 S. 3 AktG – zu folgen ist, ist die Bundesrepublik Deutschland aber nicht ein als juristische Person verfaßtes „Unternehmen".

Hinsichtlich der Personenunternehmungen mag es fragwürdig erscheinen, von einer Unternehmensverfassung zu reden, weil bezüglich des Unternehmens alle Rechtsbeziehungen solche der Personen, des Einzelkaufmanns oder der Personengesellschaft, sind. Bei der körperschaftlichen juristischen Person der Aktiengesellschaft sind die Mitglieder dagegen nur in die juristische Person „eingegliedert"[50]. Alle Rechtsbeziehungen bezüglich des Unternehmens sind solche der juristischen Person, und diese wiederum existiert nur um des Unternehmens willen, wenn sie nicht wie die öffentlich-rechtlichen juristischen Personen, insbesondere die Gebietskörperschaften, noch andere Zwecke verfolgen.

Wir sprechen hinsichtlich der Kapitalgesellschaften zwar von „Gesellschaftsrecht". Dieses Gesellschaftsrecht ist aber, wenn wir auf die juristische Person als Wirkungseinheit abstellen, nicht das

---

[49] Siehe zu der Entscheidung Rittner, Festschr. Flume (1978) II, 241 ff.
[50] So mit Recht Rittner, Die werdende juristische Person, S. 229.

Recht der Anteilseignergesellschaft, sondern Unternehmensverfassungsrecht. Das Unternehmen ist als GmbH oder Aktiengesellschaft „verfaßt".

5. „Vom Gesellschaftsrecht zum Unternehmensrecht!" wurde die Parole für die Forderung nach einer Mitbestimmungs-Unternehmensverfassung. Der 1972 berufenen Unternehmensrechtskommission wurde vom Bundesjustizminister der Auftrag erteilt, die Rechtsfragen zu untersuchen, die sich aus der „Fortentwicklung" des Gesellschaftsrechts zum Unternehmensrecht ergäben[51]. Wenn die Protagonisten der Mitbestimmungsforderung die „Unternehmensverfassung als gesellschaftspolitische Forderung" vertreten[52], so dient ihnen der Begriff „Unternehmensverfassung", indem sie ihn a priori mit der Mitbestimmung gleichsetzen, zur Begründung der Mitbestimmungsforderung.

Die Formulierung „Vom Gesellschaftsrecht zum Unternehmensrecht" wird als Postulat von den Protagonisten der Mitbestimmung mit einem positiven Wertakzent zugunsten des Mitbestimmungs-Unternehmensverfassungsrechts versehen[53]. Das „Gesellschaftsrecht" ist demgegenüber ein unzulängliches Recht. Es bedarf der „Fortentwicklung" des Gesellschaftsrechts zum „Unternehmensrecht".

Es ist bemerkenswert, daß von den Befürwortern der Mitbestimmung, auch wenn die Mitbestimmung nur für die Unternehmen in der Rechtsform der juristischen Person erörtert wird, in Antithese zu dem Unternehmensrecht, d. h. zur Mitbestimmungs-Unternehmensverfassung, das „Gesellschaftsrecht" gestellt wird und nicht von der „Fortentwicklung" des Rechts der „juristischen Person" gesprochen wird. Mit dem Begriff der „Gesellschaft" ist anders als hinsichtlich der juristischen Person unmittelbar die Beziehung zu den Gesellschaftern gegeben. In der Gleichsetzung des Gesellschaftsinteresses mit dem Interesse der Gesellschafter als „Eigentümerinteresse"[54] ist damit das Gesellschaftsrecht als „interessenmonistisches" Recht in abwertende Antithese zu dem „in-

[51] Informationen des Bundesministers der Justiz Nr. 45/1972.
[52] Siehe den Sechserbericht (oben N.37).
[53] Siehe z. B. Kunze, Festschr. Gessler, 1970, S. 47 ff.; Duden, Festschr. Schilling, 1973, S. 309; dies ist auch die Wertung des Berichts der Studienkommission des Deutschen Juristentags (siehe oben N.4), S. 19; ohne diesen Wertungsakzent dagegen Frank Vischer, Festschr. F. A. Mann, 1979, S. 639 ff.
[54] Siehe z. B. Kunze a. a. O. S. 47 N.2.

teressenpluralistischen" Mitbestimmungs-Unternehmensverfassungsrecht gebracht.

Die in dem Bericht der Studienkommission des Deutschen Juristentags aufgestellte und die Mitbestimmungs-Literatur beherrschende These, „daß eine gesellschaftsrechtliche Behandlung das Unternehmen nicht in seiner Ganzheit erfaßte, weil auf diese Weise nur der Unternehmer und der Kapitaleigner als Subjekte des im Unternehmen ablaufenden Wirtschaftsgeschehens erscheinen", verkennt das Wesen der Aktiengesellschaft als juristischer Person. Bei dem in der Aktiengesellschaft als juristischer Person verfaßten Unternehmen gibt es neben der juristischen Person keine weiteren „Subjekte des im Unternehmen ablaufenden Wirtschaftsgeschehens". Nur bei dem Personenunternehmen sind die Unternehmer und Kapitaleigner die „Subjekte des im Unternehmen ablaufenden Wirtschaftsgeschehens". Auf diesem Unterschied des als juristische Person verfaßten Unternehmens und des Personenunternehmens beruht es, daß die Mitbestimmung nur für Unternehmen eingeführt worden ist, die als juristische Person verfaßt sind, nicht aber für Personenunternehmen. In dem Gemeinschaftsgutachten Badura, Rittner, Rüthers zum Mitbestimmungsgesetz 1976[55] ist die Auswahl bestimmter Unternehmensformen für die Mitbestimmungsregelung beanstandet worden, und Kunze, einer der vornehmlichen Protagonisten der Mitbestimmung, hat gemeint[56]: „Daß die Personengesellschaften und der Einzelkaufmann bisher von der Unternehmensmitbestimmung verschont geblieben sind, ist sachlich nicht gerechtfertigt und widersinnig." In der Tat, der Einzelkaufmann und die Personengesellschaft sind „verschont geblieben".

Nach Kunze begründen die Gewerkschaften „als diejenigen, die am nachdrücklichsten und beharrlichsten Unternehmensmitbestimmung gefordert haben und fordern", die Beschränkung auf juristische Personen mit „praktischen Überlegungen". Die Einbeziehung der Personalunternehmen in die qualifizierte Mitbestimmung würde nach Ansicht der Gewerkschaften z.Z. „auf rechtstechnische und dogmatische Schwierigkeiten stoßen"[57]. In Wirklichkeit

---

[55] Mitbestimmungsgesetz 1976 und Grundgesetz, Gemeinschaftsgutachten, 1977, S. 26.

[56] Festschr. Duden, 1977, S. 214.

[57] Mitbestimmung, eine Forderung unserer Zeit, Deutscher Gewerkschaftsbund 1971, S. 14; Kunze, Festschr. Duden, S. 215.

liegt der Grund aber tiefer. Was die Rechtstechnik anbetrifft, ist zwar die Anknüpfung der Mitbestimmung an den Aufsichtsrat „rechtstechnisch" verhältnismäßig einfach, und für die Personenunternehmen gibt es keine gleichartige rechtstechnische Möglichkeit der Anknüpfung der Mitbestimmung. Entscheidend ist aber für die bisherige Beschränkung der Mitbestimmung auf die Unternehmen in der Rechtsform der juristischen Person, daß die materiellrechtliche Problematik der Mitbestimmung für die juristische Person und für die natürlichen Personen (Einzelperson und Personengruppen) wegen der Unterschiedlichkeit der Unternehmensverfassung verschieden ist. Dabei geht es nicht, wie vielfach angenommen wird[58], nur um die persönliche Haftung bei den Personenunternehmen. Eine auf die Person bezogene und in deren Entscheidungsbefugnis eingreifende Mitbestimmung ist aber bei der rechtlichen Zuordnung des Personenunternehmens an die Einzelperson oder Personengruppe als Entzug der Verfügungsgewalt durch die paritätische oder quasiparitätische Mitbestimmung evident ein drastischer Eingriff sowohl in das Eigentum wie darüber hinaus in das Personenrecht, während bei der juristischen Person die Mitbestimmung nur der Regelung der Organisation der juristischen Person zuzurechnen ist. So ist die Problematik der Mitbestimmung für die Personenunternehmen von einer ganz anderen Dimension als für die Unternehmen in der Rechtsform der juristischen Person. Das Personenunternehmen würde durch eine Mitbestimmung nach der Regelung des Mitbestimmungsgesetzes beseitigt.

Nach Rittner[59] wird für das als juristische Person verfaßte Unternehmen die Willensbildungsautonomie durch die Mitbestimmung in Frage gestellt. Rittner meint sogar: „Die gesetzlich befohlene Besetzung von Aufsichtsratsstellen durch Personen, die kein Organ der juristischen Person ausgewählt oder bestimmt hat, beeinträchtigt die für die Funktionsweise der juristischen Person des Privatrechts maßgebliche Willensbildung schon dann, wenn sie sich lediglich auf ein Drittel der Aufsichtsratsitze erstreckt." Dieser Ansicht ist nicht zu folgen. Sie beruht auf der bereits von Savigny zurückgewiesenen – allerdings immer noch vertretenen – Gleichsetzung der juristischen Person mit ihren Mitgliedern, der von Savigny[60] als

---

[58] So z. B. v. Nell-Breuning, Festschr. Kunze, S. 153 ff.; Kunze a. a. O. S. 215.
[59] Die werdende juristische Person, S. 250.
[60] System II, 347.

„Hauptirrtum" gekennzeichneten „Behauptung . . ., welche die Totalität der gegenwärtigen Mitglieder mit der Corporation selbst identifiziert". Die „Willensbildungsautonomie" bezieht sich nicht auf die Mitglieder der juristischen Person, sondern auf die juristische Person, und die Verfassung der juristischen Person bestimmt, von wem und wie die Willensbildungsautonomie für die juristische Person ausgeübt wird.

In dem Gutachten Badura, Rittner, Rüthers heißt es[61], nach dem bisherigen Recht, also dem Recht vor dem Mitbestimmungsgesetz 1976, fungierten „die Organe der Aktiengesellschaft, namentlich der Aufsichtsrat als Treuhänder der Aktionäre" und seien „die Aktionäre der maßgebliche Bezugspunkt für das Handeln von Vorstand und Aufsichtsrat". Maßgeblicher Bezugspunkt für das Handeln von Vorstand und Aufsichtsrat ist jedoch, um die Formulierung Savignys zu gebrauchen, die juristische Person als „das ideale Ganze". Zu dem idealen Ganzen gehören die Aktionäre kraft ihrer Mitgliedschaft und der auf ihr beruhenden vermögensmäßigen Berechtigung, es gehören aber, wie bereits gesagt, zu dem idealen Ganzen auch die in dem als juristische Person verfaßten Unternehmen Tätigen. Für den Vorstand statuiert das Gesetz in § 76 AktG ausdrücklich – im Gegensatz zu der Gebundenheit der Geschäftsführer bei der GmbH an die Weisungen der Gesellschafter – die eigenverantwortliche Leitung des Vorstandes, und es sollte entgegen dem Gutachten Badura, Rittner, Rüthers nicht fraglich sein, daß Vorstand und Aufsichtsrat bei der Leitung der AG in der rechtlichen Eigenverantwortung gegenüber der Gesellschaft als juristischer Person und nicht gegenüber den Aktionären als Anteilseignergesellschaft stehen[62].

Weil die in dem Unternehmen Tätigen mit zu der juristischen Person als dem „idealen Ganzen" gehören[62a], ist – anders als bei

---

[61] A. a. O. S. 70.

[62] Die Haftung nach § 117 Abs. 2 AktG auch gegenüber den Aktionären ist ein Sonderfall.

[62a] Mit Recht heißt es in dem Urteil des Bundesverfassungsgerichts a. a. O. S. 355 f.: „Das von den Gesellschaften betriebene Unternehmen umfaßt sowohl Gesellschaftsmitglieder als auch Nicht-Mitglieder; erst das freiwillige Zusammenwirken beider gewährleistet das Erreichen des Gesellschaftszweckes." Zu Unrecht wirft Martens, ZGR 1979, 508, dem Urteil insoweit eine „Vermengun gesellschaftsrechtlicher und unternehmensrechtlicher Aspekte" vor. Aktienrecht ist eben Unternehmensverfassungsrecht, und die Arbeitnehmer gehören als solche, als Arbeitnehmer, zu dem als Aktiengesellschaft verfaßten Unternehmen.

den Personenunternehmen – ihre Eingliederung in die Verfassung der als juristische Person verfaßten Unternehmen, wie sie dem Gedanken der Mitbestimmung entspricht, im Grundsätzlichen mit der Rechtsfigur der privatrechtlichen juristischen Person vereinbar, ungeachtet der Frage, in welcher Weise die Mitbestimmung zu verwirklichen ist"[2b]. Es ist legitim, daß die in dem Unternehmen Tätigen in die „Willensbildungsautonomie" einbezogen werden. Problematisch in Hinsicht auf die Willensbildungsautonomie der juristischen Person ist es allerdings, daß die Gewerkschaften durch „Vertreter von Gewerkschaften" an den Aufsichtsräten der mitbestimmten Unternehmen beteiligt sind. Es ist deshalb gut, daß durch den gesetzlichen Terminus „Vertreter von Gewerkschaften" die Problematik der Mitbestimmung durch fremdbestimmte Aufsichtsratsmitglieder, nämlich solche, die aufgrund von Wahlvorschlägen der Gewerkschaften zu wählen sind, wachgehalten wird.

Dem Bundesverfassungsgericht ist nicht zu folgen, wenn es hinsichtlich der quasiparitätischen Mitbestimmung im Aufsichtsrat in dem Mitbestimmungsurteil apodiktisch statuiert[3]: „Die Verlagerung von Zuständigkeiten eines Gesellschaftsorgans auf ein anderes kann bereits für sich genommen schwerlich als Substanzveränderung des Anteilseigentums angesehen werden." Sicher ist es eine „Substanzveränderung des Anteilseigentums", wenn die Gesellschafter der mitbestimmten GmbH nicht mehr selbst die Geschäftsführer bestellen können, sondern die Bestellung dem quasiparitätisch mitbestimmten Aufsichtsrat überlassen müssen[4]. Wenn ferner bei der AG für das Handeln von Vorstand und Aufsichtsrat

---

Die Vorstellung, daß eine Zugehörigkeit zu der Aktiengesellschaft als juristischer Person nur in der Form der Mitgliedschaft als Aktionär möglich sei, beruht auf der Gleichsetzung der juristischen Person mit ihren Mitgliedern. Wie es jedoch juristische Personen ohne Mitglieder gibt, ist auch die körperschaftliche juristische Person nicht mit ihren Mitgliedern in eins zu setzen. „Vielmehr ist die Totalität der Mitglieder von der Corporation selbst ganz verschieden" (Savigny, System II, 283).

[2b] Zur Fragwürdigkeit des Mitbestimmungsgesetzes 1976 siehe Flume, ZGR 1978, 678 ff., 688 ff.

[3] A. a. O. S. 346.

[4] Erst recht ist es ein enteignender Eingriff, wenn auch in den Fällen, in denen ein Sonderrecht eines Gesellschafters auf die Geschäftsführerbestellung besteht, statt dessen die Bestellung der Mitbestimmung unterliegen soll (siehe Ballerstedt, ZGR 1977, 157). Die Argumentation des Urteils des Bundesverfassungsgerichts hierzu (a. a. O. S. 343) trifft nicht.

auch der maßgebliche Bezugspunkt die Gesellschaft als juristische Person ist, so haben Vorstand und Aufsichtsrat bei dem Handeln für die Gesellschaft doch zu respektieren, daß nach der Verfassung der AG die Aktionäre qua ihrer Mitgliedschaft die vermögensmäßig Berechtigten hinsichtlich der Substanz und des Ertrags des Unternehmens sind. Eine „Substanzveränderung des Anteilseigentums" wäre es, wenn für die Anteilseigner nicht mehr gewährleistet wäre, daß der Aufsichtsrat die Unternehmensverfassung der Aktiengesellschaft in dieser Hinsicht respektiert.

6. Für ein neues Unternehmensrecht ist hinsichtlich der Einfügung der Mitbestimmung in die Unternehmensverfassung festzustellen:

a) Auszugehen ist davon, daß bereits de lege lata das Recht der Unternehmensformen Unternehmensverfassungsrecht ist. Die Unternehmen sind entweder als juristische Personen oder als Personenunternehmen verfaßt. Bei den Personenunternehmen besteht das Wesen der Unternehmensverfassung darin, daß alle Rechtsbeziehungen des Unternehmens auf den Unternehmer, den Einzelunternehmer oder die als Gruppe vereinten Personengesellschafter, bezogen sind. Das Unternehmen ist ein solches des Einzelunternehmers oder der Personengesellschaft. Was dagegen die Aktiengesellschaft als juristische Person anbetrifft, so ist das Unternehmen als Wirkungseinheit oder Sozialgebilde in der Rechtsform der juristischen Person verfaßt. Die Aktiengesellschaft ist als juristische Person nicht die „Anteilseignergesellschaft". Sicher gehören die Anteilseigner mit zur juristischen Person, und sie haben nach der Verfassung der juristischen Person eine vermögensmäßige Eigenberechtigung, sie sind aber nicht die juristische Person. Denn „das Wesen aller Corporationen" besteht, um noch einmal die Formulierung von Savigny[65] zu gebrauchen, darin, „daß das Subjekt der Rechte nicht in den einzelnen Mitgliedern (selbst nicht in allen Mitgliedern zusammengenommen) besteht, sondern in dem idealen Ganzen". Nach Savigny[66] ist die Totalität der Mitglieder von der Corporation selbst ganz verschieden, weil diese, eben die juristische Person, das „ideale Ganze" ist.

---

[65] System II, 243.

[66] System II, 283. Auf der Gleichsetzung der Mitglieder mit der jur. Person beruht die These, daß durch die Mitbestimmung die körperschaftliche jur. Person „anstaltsähnlich" werde; siehe dazu Badura, Rittner, Rüthers a. a. O. S. 545 und passim.

26

Ist nun im Fall der Aktiengesellschaft das Unternehmen als juristische Person verfaßt und nicht nur Objekt der als „Anteilseignergesellschaft" verstandenen juristischen Person, so ist es ohne Sinn, das als juristische Person verfaßte Unternehmen aus der juristischen Person der Aktiengesellschaft herauszulösen und zur selbständigen juristischen Person zu erheben, wie dies neben anderen insbesondere Thomas Raiser vorgeschlagen hat[66a]. Zur Verwirklichung der Mitbestimmung ist dies auch gar nicht notwendig. Da die Arbeitnehmer mit zu dem „idealen Ganzen" des als juristische Person verfaßten Unternehmens gehören, kann auch die Mitbestimmung in die Verfassung der juristischen Person einbezogen werden, wie dies auch im Mitbestimmungsgesetz 1976 geschehen ist. Die rechtlichen Schranken für eine Mitbestimmung würden auch bei einer Verselbständigung des Unternehmens als juristischer Person die gleichen bleiben. In Hinsicht auf Art. 14 GG muß die sich aus der Mitgliedschaft für die Anteilseigner der Kapitalgesellschaft ergebende vermögensmäßige Eigenberechtigung – das Bundesverfassungsgericht spricht von „gesellschaftsrechtlich vermitteltem Eigentum"[67] – gewährleistet bleiben. Einer der wesentlichsten und für die weitere Rechtsentwicklung bedeutsamsten Sätze des Mitbestimmungsurteils des Bundesverfassungsgerichts lautet[68]: „Der Gesetzgeber hält sich jedenfalls dann innerhalb der Grenzen zulässiger Inhalts- und Schrankenbestimmung, wenn die Mitbestimmung der Arbeitnehmer nicht dazu führt, daß über das im Unternehmen investierte Kapital gegen den Willen aller Anteilseigner entschieden werden kann, wenn diese nicht aufgrund der Mitbestimmung die Kontrolle über die Führungsauswahl im Unternehmen verlieren und wenn ihnen das Letztentscheidungsrecht belassen wird."

Ist für die in der Aktiengesellschaft als juristischer Person verfaßten Unternehmen die Verselbständigung des von den Vertretern der Sozialverbandstheorie hypostasierten Sozialverbandes „Unternehmen" als juristische Person gegenüber der juristischen Person der Kapitalgesellschaft ohne Sinn, so kann erst recht eine solche Verselbständigung nicht für die Personenunternehmen in Frage kommen. Wird für die Personenunternehmen durch die Verselbständigung des Unternehmens als juristischer Person die Bezogen-

---

[66a] Siehe oben N.36.
[67] A. a. O. S. 342.
[68] A. a. O. S. 350.

heit des Unternehmens auf den Unternehmer oder bei den Personengesellschaften auf die Gesellschafter als Gruppe aufgehoben, so
gäbe es kein Personenunternehmen mehr, vielmehr wären der Einzelunternehmer oder die Gesellschafter nur noch Beteiligte einer juristischen Person.

b) Eine Mitbestimmung, wie sie durch das Mitbestimmungsgesetz 1976 eingeführt worden ist, d. h. eine Mitbestimmung bei der
Auswahl der Personen der Unternehmensführung und allgemein
bei den Unternehmensentscheidungen, wie sie dem Aufsichtsrat
zustehen, kann für Personenunternehmen nicht in Frage kommen.
Ballerstedt[69] hat zwar gemeint, man könne auch für das Personenunternehmen ein Organ wie den Aufsichtsrat der Aktiengesellschaft vorsehen, in dem paritätisch die Arbeitnehmer vertreten wären. Eine solche Mitbestimmung würde aber, ganz abgesehen davon, wie ihre Einführung mit dem Grundgesetz in Einklang gebracht werden soll, das Ende der Personenunternehmen bedeuten.
Eine Mitbestimmung entsprechend dem Mitbestimmungsgesetz
1976 kann nur in Frage kommen für die als juristische Person verfaßten Unternehmen. Es wäre allerdings sachgerecht, auch für den
wirtschaftlichen Verein und die Stiftung die Mitbestimmung unter
den Voraussetzungen des Mitbestimmungsgesetzes einzuführen.
Wollte man dagegen für alle Unternehmen ab bestimmter Größe die
Mitbestimmung entsprechend der Regelung des Mitbestimmungsgesetzes einführen, so müßte man diese Unternehmen dem Rechtsformzwang der Verfassung als juristische Person unterwerfen. Abgesehen von anderen Bedenken hinsichtlich eines solchen Rechts-
formzwangs ist aber gerade der Wettbewerb der Unternehmensformen ordnungspolitisch ein Wert, den man nicht leichthin aufge-
ben sollte.

Besonderes gilt für die GmbH. Sie ist in der Tat ,,Anteilseigner-
gesellschaft". Die Anteilseigner bestimmen über das Weisungsrecht
die Geschäftsführung, die nicht wie bei der Aktiengesellschaft in
ausschließlicher Verantwortung gegenüber der juristichen Person
von den Anteilseignern unabhängig ist. Die GmbH als hybride
Rechtsform zwischen juristischer Person und Personengesellschaft
ist durch die Mitbestimmung für die große GmbH in der Hybridität
nur noch gesteigert worden. Für die große GmbH wäre in der Tat –
nicht nur unter dem Gesichtspunkt der Mitbestimmung – zu erwä-

---

[69] Festschr. Duden, S. 33 ff.

gen, ob nicht der Rechtsformzwang der Aktiengesellschaft geboten ist, wenn schon für das Unternehmen die Verfassung der juristischen Person gewählt wird.

Für alle Unternehmen gilt das im Betriebsverfassungsgesetz geregelte Mitbestimmungsrecht, das in Wirklichkeit nicht Betriebsverfassungs-, sondern Unternehmensverfassungsrecht ist. Insoweit haben wir also ungeachtet der Rechtsformen der Unternehmen ein einheitliches Mitbestimmungs-Unternehmensverfassungsrecht. Dieses Unternehmensverfassungsrecht könnte für Unternehmen ab einer bestimmten Größe, z. B. der für den Wirtschaftsausschuß bestimmten Größe von 100 Arbeitnehmern, auch weiter ausgestaltet werden. Wenn es aber auch für die Personenunternehmen gelten soll, dürfte die Mitbestimmung immer nur auf die Betätigung der Unternehmensführung, nicht aber auf die Bestellung der Unternehmensleitung ausgerichtet sein. Es können ferner nur bestimmte unternehmerische Entscheidungen, durch welche die Interessen der Arbeitnehmer betroffen werden, nicht aber wie es nach dem Mitbestimmungsgesetz durch die paritätische Besetzung des Aufsichtsrats geschieht, die allgemeine Entscheidungskompetenz unter den Mitbestimmungsvorbehalt gestellt werden.

c) Was schließlich das Mitbestimmungsmodell des Mitbestimmungsgesetzes für die als juristische Person verfaßten Großunternehmen anbetrifft, so sollte für die Überlegungen de lege ferenda beachtet werden, daß das Mitbestimmungsgesetz von einer unrichtigen Annahme hinsichtlich der Verfassungswirklichkeit der dem Mitbestimmungsgesetz unterliegenden Großunternehmen ausgeht.

Nach der Begründung des Regierungsentwurfs zum Mitbestimmungsgesetz, die auch vom Bundesverfassungsgericht[70] zitiert und damit übernommen wird, sollte das Gesetz „eine gleichberechtigte und gleichgewichtige Teilnahme von Anteilseignern und Arbeitnehmern an den Entscheidungsprozessen im Unternehmen" einführen[71]. Immer wieder werden in dem Urteil des Bundesverfassungsgerichts die Anteilseigner oder die Anteilseignerseite und die Arbeitnehmer oder die Arbeitnehmerseite einander gegenübergestellt. Diese Gegenüberstellung entspricht aber der Wirklichkeit nur für die Fälle, in denen ein einzelner Anteilseigner oder eine Gruppe von Anteilseignern über die Hauptversammlungsmehrheit

---

[70] A. a. O. S. 350.
[71] Siehe dazu Ballerstedt ZGR 1977, 135 ff.

verfügt. Nur in diesen Fällen der dem Mitbestimmungsgesetz unterworfenen Unternehmen bestimmen wirklich die Anteilseigner die Mitglieder des Aufsichtsrats, die nicht von der Arbeitnehmerseite bestellt werden.

Das Leitbild für die dem Mitbestimmungsgesetz unterliegenden Großunternehmen ist jedoch die Publikumsaktiengesellschaft[72], und für diese steht es nun außer Frage, daß ungeachtet der Wahl durch die Hauptversammlung die angeblichen Anteilseignervertreter im Aufsichtsrat durch Kooptation des Unternehmensmanagements berufen werden, indem die von dem Vorstand und den nicht von der Arbeitnehmerseite bestellten Aufsichtsratsmitgliedern kooptierten Personen der Hauptversammlung zur Wahl präsentiert werden. Im Aufsichtsrat der dem Mitbestimmungsgesetz unterliegenden Publikumsaktiengesellschaften stehen sich nicht Vertreter der Anteilseigner und Arbeitnehmervertreter, sondern Angehörige der unternehmerisch tätigen Führungsschicht und Arbeitnehmervertreter gegenüber, indem die von der Hauptversammlung „gewählten" Aufsichtsratmitglieder in Wirklichkeit durch Kooptation aus dem Management von Banken, Versicherungen, Industrie- und Handelsunternehmen berufen werden. Diese Aufsichtsratsmitglieder sind auch nach ihrem Selbstverständnis keine „Anteilseignervertreter", sie sind vielmehr ausgerichtet auf das Unternehmensinteresse, wie es der Intention des Aktiengesetzes entspricht[73].

Mit der Rechtsfigur der Aktiengesellschaft als juristischer Person mit vermögensmäßig beteiligten Mitgliedern ist nun aber verbunden, daß die Verfolgung des Unternehmensinteresses in der Erhaltung des Vermögens der juristischen Person und mit der Erzielung des Gewinns den Aktionären durch die Erhaltung ihres Mitgliedschaftsrechts als eines Vermögenswerts und durch die Ermöglichung der Gewinnausschüttung zugute kommt. Eine Ausrichtung auf das Unternehmensinteresse verlangt, daß auch diese Konsequenz bejaht wird, d. h. daß die private Wirtschaftsordnung auf der Grundlage privaten Produktivvermögens bejaht wird. Von den dem Unternehmensmanagement angehörenden Mitgliedern des Aufsichtsrats ist zu erwarten, daß sie die private Wirtschaftsordnung bejahen und in der Verfolgung des Unternehmensinteresses

[72] Das gleiche wie für Publikumsaktiengesellschaften gilt für deren Tochtergesellschaften.
[73] Zum Unternehmensinteresse siehe Flume, Festschr. Beitzke, S. 59 ff. u. Zit.

die vermögensmäßige Eigenberechtigung der Anteilseigner der juristischen Person respektieren. Deshalb sind sie aber keine „Anteilseignervertreter", deren Handeln statt auf das Unternehmensinteresse auf das Gesellschafterinteresse ausgerichtet wäre.

d) Die Problematik, wie die vermögensmäßige Eigenberechtigung der Aktionäre mit der Eigenständigkeit der Aktiengesellschaft als dem „idealen Ganzen" der juristischen Person zu vereinbaren ist, diese Problematik, die seit den Tagen Savignys die Diskussion zum Aktienrecht beschäftigt hat, erfährt ihre Lösung, wenn die Eigenständigkeit der juristischen Person als des idealen Ganzen und damit das Unternehmensinteresse als verbindliche Maxime des Handelns für die juristische Person anerkannt wird und in der Verfolgung des Unternehmensinteresses zugleich die Respektierung der vermögensmäßigen Eigenberechtigung der Aktionäre geboten ist. So fehlsam es einerseits nach unserem heutigen Aktienrecht ist, das in der Aktiengesellschaft verfaßte Unternehmen als eine Veranstaltung der Anteilseigner zu begreifen, nach der Formulierung von Karl Lehmann als ein „Lebewesen, welches materiell wirtschaftlich nur um der Mitglieder willen und für die Mitglieder fungiert", ebenso notwendig ist es andererseits zu beachten, daß das Kapital der Aktionäre die vermögensmäßige Grundlage des Unternehmens ist.

Es gilt, über die Ausrichtung am Unternehmensinteresse die klassenkämpferische Antithese der Faktoren Kapital und Arbeit zu überwinden, welche die Mitbestimmungsdiskussion beherrscht hat und auch der Gesetzgebung zum Mitbestimmungsgesetz zugrunde gelegen hat. Die Antithese von Kapital und Arbeit hatte ihre Berechtigung für das Aktienrecht des 19. und des Anfangs des 20. Jahrhunderts. Sie ist aber für das geltende Aktienrecht überholt. Für die Bewährung der Mitbestimmung als Teil unseres Unternehmensverfassungsrechts wird es darauf ankommen, ob es gelingt, die Mitbestimmung im allgemeinen Bewußtsein von der klassenkämpferischen Antithese der Faktoren Kapital und Arbeit zu befreien. Sicher ist es die Aufgabe der von den Arbeitnehmern gewählten Aufsichtsratsmitglieder, die Belange der Arbeitnehmer im Aufsichtsrat zu vertreten. Es sollte aber zwischen den Aufsichtsratsmitgliedern des Unternehmensmanagements und den von den Arbeitnehmern gewählten Aufsichtsratsmitgliedern in dem Selbstverständnis hinsichtlich ihrer Aufgabe keinen Unterschied geben. Sie sind alle in gleicher Weise der juristischen Person gegenüber als

„dem idealen Ganzen" auf das Unternehmensinteresse verpflichtet, nicht anders, als dies der Vorstand ist. Die von den Arbeitnehmern gewählten Aufsichtsratsmitglieder sollten sich ebenso nicht als „Arbeitnehmervertreter" verstehen, wie die von der Hauptversammlung gewählten Aufsichtsratsmitglieder nicht „Anteilseignervertreter" sind.

Die Überwindung der klassenkämpferischen Antithese der Faktoren Kapital und Arbeit würde wesentlich gefördert werden, wenn die Arbeitnehmer zunehmend kraft privater Teilhabertitel an dem Produktivvermögen beteiligt werden. Deshalb ist die Verbreiterung der vermögensmäßigen, privaten Teilhabe an dem Produktivvermögen ein Kardinalproblem der Erhaltung und der Fortentwicklung unseres Unternehmensrechts, ja darüber hinaus allgemein unserer privaten, d. h. auf dem Privateigentum beruhenden Wirtschaftsordnung.

Die Teilhabe der Arbeitnehmer am Produktivvermögen sollte auch für Personenunternehmen durch eine entsprechende Ausgestaltung des Kommanditistenrechts gefördert werden. Es ist bemerkenswert und kennzeichnend für unsere Steuer- und Gesellschaftspolitik, daß anstatt die Teilhabe der Arbeitnehmer am Produktivvermögen zu fördern, die steuerliche Regelung die Beteiligung von Arbeitnehmern als Kommanditisten unmöglich macht. Die steuerliche Regelung paßt allerdings in das Konzept der Gewerkschaften, die statt einer privaten Teilhabe der Arbeitnehmer an dem Produktivvermögen nur die Teilhabe an Fonds erstreben, um über solche Fonds für die Gewerkschaften noch zusätzliche Macht zu der Mitbestimmungsmacht zu erlangen. Diese steuerliche Prohibitivregelung für eine Beteiligung der Arbeitnehmer am Produktivvermögen als Kommanditisten sollte unverzüglich beseitigt werden. Soll die private Teilhabe am Produktivvermögen weiterhin die Grundlage unserer Wirtschaftsordnung sein, bleibt es ein Kardinalproblem des Unternehmensrechts, daß die private Teilhabe an dem Produktivvermögen für alle offen ist und so auch im allgemeinen Bewußtsein bejaht wird.

Schriftenreihe der Juristischen Gesellschaft e. V. Berlin

Mitglieder der Gesellschaft erhalten eine Ermäßigung von 30 %

ISBN 3 11 008355 8